INVASION

DES

SAUTERELLES

HISTOIRE. — ANATOMIE. — MARCHE. — MOEURS.
REPRODUCTION. — RAVAGES.
LEUR IMPORTANCE EN AGRICULTURE. — MOYENS DE DESTRUCTION.

AVEC PLANCHES

PAR

LE Dʳ AMÉDÉE MAURIN

Ancien maître de Conférences à l'Institut agronomique de Versailles,
Chirurgien adjoint à l'Hôpital civil d'Alger.

Prix : 2 fr.

Se vend au profit des Cultivateurs ruinés par le fléau.

PARIS
CHALLAMEL, ÉDITEUR,
Rue des Boulangers, 30.

ALGER
F. MARÉCHAL, IMPRIMEUR
Rue d'Orléans, 5.

1866

LES SAUTERELLES

HISTOIRE. — ANATOMIE. — MARCHE. — MOEURS.
REPRODUCTION. — RAVAGES.
LEUR IMPORTANCE EN AGRICULTURE. — MOYENS DE DESTRUCTION.

———————

Un accident pareil à celui qui vient de se produire
dans la vie agricole de la colonie tout entière et, probablement aussi, dans toutes les contrées qui longent
le rivage de la Méditerranée : le Maroc, Tunis, Tri-
poli, l'Egypte, et qui, en cinq ou six jours, réduit au
quart la fortune des habitants de la campagne, est un
accident de nature à soulever l'attention des Observateurs à un titre égal à un fléau épidémique. Si les
résultats n'en sont pas immédiatement aussi sensibles,
ils n'en ont pas moins pour conséquence plus ou moins
éloignée la misère, la ruine et quelquefois la famine.

A Dieu ne plaise que, devant un désastre aussi fou-
droyant, nous ayons la plus légère envie de jeter à
qui que ce soit un blâme ou une accusation d'impré-
voyance. — Les larmes sont dans les cœurs, toute
susceptibilité doit disparaître devant une semblable

calamité publique.—C'est plus que l'incendie, plus que l'inondation, plus que le vent du désert ; car ces accidents-là sont partiels ; celui-ci est général : il s'abat sur les espérances de tous les jours, et il dévore tout et partout sur quatre cents lieues de longueur.

Il a fallu assister à ce triste spectacle pour revenir à des pensées plus sévères et se demander — quel est le remède ? quelle barrière opposer à ce fléau?

Les Sauterelles parurent en 1864, dans les premiers jours du mois de juin, un peu plus tard qu'en 1866 ; mais, en bien plus petit nombre; elles n'occasionnèrent qu'un minime dégât.

Nous eûmes la pensée, à propos d'une Conférence qui avait été faite sur ce sujet, de rendre compte de cette conférence et de la compléter par un aperçu sur l'importance des Sauterelles en agriculture.

Voici ce que nous disions le 15 mai 1864 dans le *Courrier de l'Algérie.*

« Nous aurions été heureux de voir le Professeur tenter une incursion dans le domaine de la Chimie agricole et nous fournir, comme vue théorique, une explication que l'expérience transformera demain en utile enseignement.

» La Sauterelle est un insecte, comme le hanneton, comme la charmante Demoiselle aux ailes bleues, aux grands yeux dorés, après laquelle j'ai couru, comme vous lecteur, à l'âge de l'école buissonnière.

» Si on vous montrait le spectacle horrible d'un festin de sauterelles, vous crieriez à l'horreur, mesdames. Eh bien ! rassurez-vous ; en Afrique on y met des formes, on dore la pilule, et les Arabes, qui sont de fins

gourmets (un peu goulus !) savent en tirer un parti di-
gne de Félix. Les Arabes en font des gâteaux, et, pour
peu que la paix soit faite autour des oasis de Biskra et
d'Ouergla, je suis certain que quelques-unes d'entre
vous s'en régaleront dans une splendide diffa, entre le
mouton rôti et la grenade noyée dans la fleur d'oran-
ger ! S'il fallait s'en débarrasser à l'aide de ce procédé
gastronomique, nous pourrions attendre longtemps. —
Il vaut mieux s'en servir comme engrais, c'est le plus
sûr moyen d'aller vite en besogne.

    » La Chimie nous démontre que les engrais animaux
sont les engrais les plus puissants que la nature nous
fournisse pour régénérer le sol appauvri par les riches
cultures industrielles. Les déjections de toute nature,
les débris intestinaux puis les vieux cuirs, les cendres,
etc., etc., tout ce qui rappelle Montfaucon, l'ancien, en-
tendons-nous, car le jeune est un bijou, où l'on fabri-
que la quintessence des engrais. Voilà ce qu'il faut à
la terre fatiguée pour se rajeunir. Vous voyez qu'elle
n'est pas difficile ! Eh bien, passez la nuit à ratisser un
champs couvert de Sauterelles, enfermez-les dans des
sacs et mettez-les dans un grenier ou dans une écurie,
puis prenez une bêche et une pioche et creusez une
fosse d'un mètre de profondeur et de 7 à 8 mètres de
long.

    » Supposez une nuée de Sauterelles répandues sur
un champ et sur une épaisseur de quinze centimètres ;
la chose s'est vue il n'y a pas quinze jours.

    » Le premier jour, elles ne touchent à rien ; elles
sont encore sous le coup du voyage aérien qu'elles vien-
nent de faire. La nuit se passe ; elles ne bougent pas jusqu'à ce que le soleil soit levé. Dès l'aube elles sont en-

gourdies et présentent l'aspect d'une masse compacte, parfaitement immobile. Préparez des sacs ; car vous allez avoir une abondante moisson à recueillir, agriculteur ; ne restez pas les bras croisés ou les mains levées au ciel, qui ne vous écoute guère ; ou plutôt, bénissez la Providence si vous croyez qu'elle vous a envoyé les Sauterelles pour vous être agréable ; vous serez, depuis six mille ans, le premier qui rendiez de pareilles actions de grâce.

» Cela fait, mettez au fond un lit de chaux vive de cinq à six centimètres, videz une quantité de Sauterelles suffisante pour faire un lit de quinze à vingt centimètres, puis jetez rapidement de la chaux sur cette première couche et continuez jusqu'à ce que vos sacs soient vides et votre fosse pleine ; couvrez le tout d'une assez forte couche de chaux, et oubliez pendant un an ce qui s'est passé.

» Au bout d'une ou deux années, vous pouvez répandre le résidu de votre œuvre de fossoyeur dans vos champs usés par la production ; chaque Sauterelle vous donnera vingt épis !

» C'est alors que vous bénirez la Providence et que vous lui demanderez de vous envoyer des Sauterelles ou des Criquets ; vous ne craindrez plus le fléau, car vous en tirerez un parti très avantageux. »

Le 15 juin, un honorable contradicteur nous fit une obligation de revenir sur cette question et de publier la note suivante en réponse aux attaques dont notre idée avait été l'objet :

Nous disions :

« La destruction des sauterelles dans les 24 heures qui suivent leur arrivée empêche : 1° la destruction des récoltes auxquelles ces insectes trop fatigués n'ont pas encore touché ;

» 2° La production des larves que M. Bourlier signale comme plus dangereuses que les sauterelles elles-mêmes.

» M. Bourlier propose un moyen qui s'applique aux larves seulement. Mais en le proposant le garantit-il? Non. Il déduit de sa théorie (le dessèchement de la larve ramenée à la surface du sol par le labour) la destruction probable de cette larve. Jusqu'à ce que l'expérience ait prononcé, il ne garantit rien.

» Voici maintenant un second moyen, c'est celui que j'ai eu l'honneur de proposer. La destruction préalable, c'est-à-dire avant les dégâts, avant l'accouplement et la transformation en engrais plus puissant que le Guano.

» J'accepte avec reconnaissance les chiffres posés par M. Louis Roche, c'est autant de travail économisé ; et, en supposant la couche de sauterelles, par hectares, de 0,15 centim. d'épaisseur, je livre à MM. les agriculteurs les conséquences *pratiques* et non *théoriques* qu'on peut en tirer :

» 10 hommes à 5 fr., pendant les 16 heures invoquées par M. Louis Roche. ci. . . . . . .   Fr.   50

»Est-ce assez? en voulez-vous 20, 30
à 5 fr., ci.   150
» Croyez-vous avoir assez de 10 m. c.
de chaux, ci.   250
» Creusement de la fosse, ci.   50

Total. . .   Fr.   450

» Mettons 500 francs de dépense en chiffres ronds et ne chicanons pas, M. Louis Roche.

» Il admet que nous aurons 1,000 tonnes de mar-chandise, c'est-à-dire de quoi charger un navire.

» Mais ne vaut-elle rien cette marchandise ? et n'est-elle pas capable de récompenser l'agriculteur de ses peines et de lui rendre ses 500 fr. avec un intérêt usu-raire. On peut comparer le *compost* ainsi formé au meilleur guano que donne le Pérou. Si je suis bien informé, le guano coûte 25 francs les 100 kilogram-mes, c'est-à-dire 250 francs la tonne. Si nous avons 1,000 tonnes de *compost* à l'hectare et que cet engrais soit aussi puissant que le guano (ce qui est certain), nous arriverons à des conséquences très-importantes et qui seraient de nature à faire invoquer le ciel pour qu'il inondât nos champs de sauterelles, car le rapport ne serait pas inférieur à 25,000 francs par hectare !

» En proposant le moyen qui semble impraticable à M. Roche, nous avions l'intention de rester sérieux devant les agriculteurs ; en suivant ce dernier dans les calculs exagérés auxquels il a cru devoir se livrer, nous pourrions courir la chance de ne point l'être.

» Toutefois, nous attendrons les résultats d'une ex-périmentation que les circonstances ont rendue facile, et qui a été mise en pratique par des agriculteurs qui ne font pas abstraction, comme M. Louis Roche, de la valeur de l'engrais. »

La question des sauterelles n'était plus une question de curiosité, un événement qui passe et dont on ne s'occupe plus, — c'était une question d'économie ru-rale. Aussi l'*Economiste français* nous fit-il l'honneur d'apprécier l'importance de l'idée et d'approuver le travail auquel nous nous étions livré.

Deux ans sont à peine écoulés que nous sommes envahis sur toute la surface du territoire algérien, et, faut-il le dire, la question n'a été étudiée par aucun agriculteur : et dans tous les articles qui ont paru dans les journaux pendant que les récoltes étaient dévorées, nous n'avons vu aucun organe de l'opinion publique prendre la direction de la grande opération de sauvetage dont les Algériens avaient tant besoin.

Ce n'est pas mille tonnes de sauterelles que le vent du Sud a versé sur l'Algérie, c'est par millions de tonnes qu'on peut les calculer.

Aujourd'hui nous reprenons cette question tout entière, autant pour consoler les affligés que pour prévenir les insouciants ou ceux qui n'auraient pas des connaissances spéciales suffisantes pour déduire d'un malheureux événement des conséquences heureuses et des résultats utiles.

Nous diviserons notre travail en six parties :

1° Histoire naturelle des sauterelles,
2° Anatomie et structure des sauterelles ;
3° Leur marche, leurs mœurs, leurs ravages ;
4° Etude sur leur produit, — l'œuf, — la larve ;
5° Moyen de destruction ;
6° Importance de la sauterelle en agriculture.

Cette division nous permettra d'offrir au lecteur à peu près tout ce que l'on connaît actuellement sur cet insecte.

HISTOIRE NATURELLE.

La place assignée aux sauterelles dont il s'agit, en histoire naturelle, ne l'a été complètement que par M. Léon Dufour, qui, procédant par une description anatomique sérieuse, a pu aisément les séparer d'une foule de genres avec lesquels on les avait jusqu'alors confondus.

Dans l'ordre des Orthoptères, nous trouvons en effet plusieurs grands genres assez mal délimités.

Au temps où les classifications n'allumaient pas la guerre entre les entomologistes, sous les Hébreux, par exemple, les Sauterelles étaient connues sous le nom d'*Arbeth*. Les Grecs les appelaient d'un terme général (αχρισ) Acris, Sauterelles. — Enfin, à mesure que la science semblait se concentrer, en séparant les espèces avec plus d'attention, sous les Auteurs Romains, la dénomination de *Locusta* comprenait à la fois les *Acris* des Grecs et un autre genre auquel est resté le nom de Locustiens, qui leur a été conservé jusqu'à nos jours. Comment se fait-il que de la dénomination grecque qui comprenait les insectes qui nous occupent, Acridiens, on soit arrivé à la dénomination, bizarre au moins, de *Criquets*, et qu'aujourd'hui on parle des Criquets sans respect pour la langue grecque, je l'ignore ?... C'est là le secret des naturalistes qui, il faut le croire, ont des raisons puissantes, inaccessibles au commun des observateurs, pour faire prévaloir des dénominations.... et, chose plus incroyable, pour y tenir.... *mordicus !*

Linnée, qui avait cherché à mettre avant les De Jussieu, un peu d'ordre dans les classifications jusqu'alors adoptées et qui se trouvait en face du cahos, avait désigné l'ordre des Orthoptères tout entier sous la dénomination de *Gryllus*-Grylliens.

Latreille, auquel on doit des travaux considérables sur les insectes, avait créé le genre Criquet, sur la longueur plus ou moins considérable des antennes et sur leur aspect plus ou moins filiforme ; — sur la longueur relative des ailes ; sur la dimension des cuisses et sur les épines qui garnissent la partie moyenne de ces membres qu'il place par parenthèse au côté *interne* et qui sont en réalité situés au côté *externe*.

M, Serville vint après, qui fit perdre au mot *Acridium* ou *acridiens* sa valeur générale et qui l'appliqua à des espèces offrant une carêne à la face dorsale et une pointe forte au devant du sternum.

Il en existerait de cette sorte trois espèces sur lesquelles on pourrait encore discuter, savoir : 1° les *Cal liptamus*, dont le corselet offre trois carênes et le prosternum une pointe courte ;

2° Les *OEdipodes*, ayant une seule carêne et le prosternum dépourvu de pointe ; — évidemment, ce ne peut être là notre genre, puisque nous trouvons une pointe dans le prosternum, entre les deux premières paires de pattes ;

3° Les *Gomphocères* offrent des antennes en forme de massue plus ou moins fortes chez le mâle ;

4° Les *Podismes*, sont ceux dont les ailes sont plus courtes que l'abdomen.

On doit donc être très-circonspect dans la désignation que l'on fait des insectes dont il s'agit, car celle de *criquets* n'est qu'une corruption de la désignation grecque acridiens ; et, on le voit, il existe déjà plusieurs sous-genres de criquets, qui feront bientôt disparaître ce mot sous d'autres, dont la valeur scientifique ne sera ni aussi plaisante, ni aussi hétérogène.

L'*Acridium migratorium.* — L'Acridien voyageur, migrateur, est évidemment celui dont il s'agit, et il était connu des anciens, soit par ses caractères physiques, soit par ses mœurs.

L'étude anatomique n'avait pas été poussée très-loin. On n'avait étudié, à proprement dire, que ses dispositions ravageuses, et nous ne connaissons de ces insectes que ce que la tradition avait perpétué, soit sur les époques de leur apparition, soit sur leur mode de propagation,

Les Arabes d'aujourd'hui en savent aussi long que les peuples de l'antiquité, et, pour peu qu'on les interroge sur les Sauterelles (*Djerrad*), ils fournissent des notions aussi exactes que les paysans des pays septentrionaux peuvent en fournir sur les avalanches de rongeurs qui descendent des glaces du pôle pour tout dévaster sur leur passage.

Il est à remarquer que des extrémités de la terre, c'est-à-dire des pôles, partent des migrations formidables de *rats*, qui jouent, au point de vue agricole, le même rôle que les Sauterelles jouent dans les contrées très-chaudes qui sont situées sous la ligne. Le courant se fait des extrémités vers les régions tempérées qui, étant les plus habitées, les mieux connues et les mieux cultivées, sont les plus exposées à des ravages sensibles. Il en est de même dans les migrations qui ont lieu dans les régions Océaniennes.

Les Acridiens voyageurs ont de temps immémorial acquis une place particulière dans les désastres qui ont affligé l'humanité. Leur existence est liée aux grandes époques de misère, de famine et de peste qui ont désolé les peuples qui habitent les contrées chaudes qui sont situées à droite et à gauche de l'Equateur jusque sous les régions tempérées. Il n'y a donc rien d'étonnant à ce que leur étude soit un peu plus complète que celle de la plupart des autres insectes qui, ayant des caractères similaires, vivent pour ainsi dire acclimatés dans les pays où sont développées les grandes cultures et qui, par cela même, n'y inspirent plus de graves appréhensions.

Par l'étude anatomique que nous allons en faire, nous verrons que les Acridiens migrateurs sont des insectes admirablement organisés pour la destruction, et que l'attention des agriculteurs doit être entièrement sollicitée pour éteindre à la fois un ennemi redoutable, un fléau pour les moissons et pour la salubrité des contrées qu'ils envahissent.

Anatomie. — Structure.

L'étude anatomique et la structure de la sauterelle révèlent une perfection rare dans les moyens de destruction que possède l'insecte. — Il est organisé pour le voyage, pour la locomotion sur le sol, et armé pour la désorganisation des plantes les plus dures qui se rencontrent sur son passage.

Les diverses parties constitutives de l'animal sont la Tête, le Tronc ou Thorax, l'Abdomen, les Membres, les Ailes, enfin les organes de la Reproduction.

Examinée dans son ensemble, la Sauterelle d'Afrique mesure des dimensions qui en font l'un des insectes les plus grands. La femelle, qui est la plus grande et la plus forte, peut atteindre jusqu'à douze centimètres de longueur. La moyenne est de sept à huit centimètres. Le mâle est plus petit d'un centimètre et plus effilé dans ses formes.

La femelle présente une coloration beaucoup plus brunâtre que le mâle, à l'exception des attaches des ailes et de la partie supérieure du thorax et des extrémités inférieures, qui offrent la couleur jaune, les autres parties sont grisâtres ou couleur violacée, lie de vin.

Le mâle ne présente que très-peu de parties grises ; il offre une belle coloration jaune de la tête, à l'exception du sommet, du thorax, de l'abdomen et des pattes, qui le fait très-facilement distinguer de la femelle.

La Tête. — Cette partie de l'insecte offre des dimensions considérables. Elle est oblongue, aplatie sur la partie supérieure, s'élargissant vers la partie inférieure dans la région des mandibules.

Les yeux sont placés de chaque côté tout-à-fait à la partie supérieure, où ils n'offrent qu'un millimètre de distance l'un de l'autre. Ils sont oblongs, très-bombés et présentent à travers la cornée, des lignes blanchâtres alternant avec des lignes brunâtres parallèlement placées. — Au devant des yeux sont posées deux tiges articulées et flexibles qui sont douées d'une sensibilité exquise, et dans lesquelles une dissection attentive montre un tube conducteur et une extrémité renflée, — ce sont les Antennes ; c'est là pour l'animal un organe essentiel de tact, un organe de sensibilité qui l'avertit de la nature des corps contre lesquels il va se heurter. Si on menace, à l'aide d'un corps pointu, cet organe, il s'échappe dans toutes les directions, et les membres supérieurs ou pattes, attachées au sommet du thorax font mille efforts pour écarter l'objet.

L'espace qui sépare ces antennes des mandibules est considérable et figure assez bien, par un sillon placé latéralement, un nez aplati.

Un sillon horizontal sépare cette pièce résistante de la lèvre qui offre une teinte plus pâle, blanchâtre, qui est large et très-mobile, et qui recouvre les organes de la mastication, les mandibules puissantes dont l'insecte est armé.

Immédiatement au dessous de la lèvre supérieure et en la soulevant on est en présence des mandibules, qui se composent de quatre pièces, deux de chaque côté, qu'on peut comparer à des dents dont elles font l'office. Deux sont très-fortes et vigoureuses, noires et brillantes, déchiquetées sur la partie médiane et offrant des aspérités et des dépressions qui correspondent parfaitement a celles du côté opposé. Les deux autres sont deux crochets très-aigus qui sont très-mobiles et flanqués de membranes arrondies sur les bords qui constituent la lèvre inférieure bifide.

Lorsque l'insecte écarte les grosses mandibules on aperçoit un tubercule particulier qui n'est autre chose que l'orifice du tube digestif sur lequel nous reviendrons, en faisant l'étude des organes splanchniques.

La tête est donc composée, comme celle des animaux supérieurs, de deux parties très-distinctes : une portion crânienne, une mâchoire supérieure et inférieure ou grosses et petites mandibules semblables comme structure, aux pinces des homards. Elle est attachée au tronc par une membrane très-élastique qui permet de l'écarter de plus d'un demi-centimètre dans tous les sens.

A droite et à gauche de la lèvre inférieure se trouvent des appendices articulés qui sont au nombre de quatre, deux de chaque côté, terminés par une petite ampoule noirâtre qui sert à ramener les aliments sous les mandibules. Si ce ne sont pas encore là des organes de préhension, se sont au moins des appendices d'une grande délicatesse qui sont d'une grande utilité pour l'introduction des petits débris dans les mandibules.

La tête, grâce à la membrane élastique que nous avons signalée, jouit de mouvements d'abaissement ou d'élévation, mais en outre, de mouvements de latéralité.

Le Thorax. — Cette partie de l'insecte offre des dimensions considérables et une charpente très-solide qui permet de résister aux chocs extérieurs et qui protége les organes importants de la respiration et de la nutrition. C'est une cage presque cartilagineuse composée d'un grand nombre de pièces parfaitement articulées et reliées entr'elles par de fortes membranes courtes et élastiques.

Le thorax se compose de deux parties importantes : une partie supérieure, représentée par une large plaque qui recouvre le cou vers l'extrémité supérieure dorsale et qui offre un raphé median, trace de soudure des deux cartillages primitifs, forte pièce de protection à l'extrémité inférieure de laquelle s'attachent les grandes ailes.

A l'extrémité inférieure de cette pièce, plus large dans le dos, on trouve sur le milieu un tubercule arrondi, et de chaque côté la première paire de pattes ou membre supérieur.

De chaque côté on voit des sillons qui représentent les côtes, et enfin, sur la partie inférieure ou face ventrale, on observe un sternum très-puissant composé de trois pièces médianes et s'articulant avec les parties qui représentent les côtes—Au-dessous de la première pièce à droite et à gauche, est située la deuxième paire de pattes. — Enfin, à la base du thorax sont situés les membres inférieurs, plus longs, plus puissants et plus complets que les membres supérieurs.

Les dimensions du thorax sont, pour la femelle, de deux à trois centimètres pour les parties ventrale et dorsale, car, si cette dernière partie remonte plus haut en arrière, la région thoracique centrale descend plus bas en avant.

Ces dimensions sont un peu plus petites chez le mâle.

Les grandes ailes ou élytres sont articulées sur la partie dorsale aux deuxième et troisième pièces que nous avons dit représenter les côtes et les petites ailes ou larges ailes, à toute la partie médiane et latérale jusqu'aux premiers anneaux de la région abdominale ; — tandis que la région thoracique antérieure est lisse et mutique, la région dorsale offre une charpente plus rugueuse, des insertions profondes pour les élytres et pour les ailes.

Abdomen. — L'abdomen est de dimension beaucoup moins large que le thorax et présente une charpente bien moins solide. — Par contre, ses dimensions

en longueur sont de beaucoup plus considérables et vont en s'amincissant de la région thoracique à l'extrémité anale.

Ce sont des anneaux articulés entre eux, de trois millimètres à leur origine, et au nombre de neuf, contractiles, élastiques, pouvant s'allonger ou se raccourcir à la volonté de l'insecte, reliés d'ailleurs par un tissu très-élastique, qui permet des mouvements d'ensemble ou même partiels.

Nous reviendrons sur cette partie intéressante de notre travail lorsque nous étudierons les organes de la digestion.

A l'extrémité postérieure et inférieure de l'abdoment, on trouve des organes extrêmement curieux : ce sont les organes de la reproduction, très-différents chez le mâle et chez la femelle, que nous étudierons avec attention.

APPENDICES ou MEMBRES. — Nous devons une attention toute particulière aux membres de la Sauterelle et à ses appendices.

La Sauterelle marche, elle saute, elle saisit les objets, elle les porte à ses mandibules ; elle se sert de certaines parties de ses membres pour protéger ses organes essentiels ; elle grimpe sur les arbres ; enfin elle a des ailes qui lui servent puissamment pour se transporter dans l'espace à de très-grandes distances du point d'où elle est partie.

C'est un être très-complet, on le voit ; mais il inspire un sentiment bien supérieur d'admiration au naturaliste qui examine la composition et la distribution soit des membres, soit des ailes,

Nous avons signalé autour de la lèvre inférieure quatre appendices, deux de chaque côté, les uns composés de cinq pièces articulées, les autres de trois, terminées par une petite ampoule noirâtre qui sert à l'insecte pour ramener sous les mandibules, grosses ou petites, les bribes des aliments qu'il ingère.

A la partie supérieure du thorax, placée dans un enfoncement à droite et à gauche d'un tubercule central, une paire de pattes plus parfaites, puisqu'elles offrent comme le membre supérieur des êtres les plus accomplis, les pièces qui constituent l'épaule, le [bras, un avant-bras, et une partie propre à la préhension et à la progression, c'est le Tarse.

La première paire de pattes est la plus courte ; elle est placée sous la rainure qui sépare le cou du thorax proprement dit, c'est-à-dire dans le prothorax. La deuxième est un peu plus longue, mais n'offre avec la première aucune différence de structure. La troisième, ou membre inférieur, est de beaucoup la plus longue et la mieux conformée pour servir à l'insecte de moyen de locomotion rapide.

Les trois paires de pattes présentent quatre parties articulées entre elles de manière à permettre des mouvements dans tous les sens; pendant que l'insecte repose à terre, des mouvements de locomotion assez rapides; lorsqu'il est menacé où qu'il veut s'élancer, c'est la troisième paire qui lui sert d'appui ; c'est à l'aide de ce membre inférieur qu'il saute, — ce qui lui a valu le nom sous lequel il est le plus généralement connu : *Sauterelle.*

Les parties qui composent les trois paires de pattes sont, avons-nous dit, au nombre de quatre : une partie très-courte qui représente l'épaule, et qui est articulée avec le thorax ; — une deuxième partie plus longue, à peu près égale en dimension dans les deux premières, lisse et assez dure à l'extérieur, très-renflée à sa partie moyenne, pour la troisième paire de pattes, ayant mérité le nom de cuisses, de deux à trois centimètres de longueur, parcourue à l'intérieur de stries obliques qu'on aperçoit par transparence.

C'est dans cette cuisse, comme d'ailleurs dans la partie similaire des deux premières, que sont renfermés les muscles qui servent à la contraction nécessaire aux mouvements de l'insecte.

Le troisième article est d'égale dimension dans les deux premières paires, beaucoup plus long dans la troisième paire ou membre inférieur, et garni à sa partie postérieure de pointes acérées, situées sur deux rangs et laissant au milieu une rainure qui va s'élargissant jusqu'à la partie inférieure. A ce troisième article est attachée l'extrémité inférieure que l'on ne saurait trop étudier avec soin, car elle présente à l'observateur un appendice très-curieux.

Une sorte de main, composée de quatre épines aiguës et flexibles et d'un doigt médian composé de trois articles, faisant suite à celui que nous avons décrit et se moulant parfaitement sur les objets pour les embrasser. On voit, en outre, à la partie la plus extrême, une ampoule et deux crochets semblables à ceux qui se trouvent à la base.

Aussi n'est-on pas surpris de voir cet insecte adhérer fortement à l'extrémité supérieure des épis de blé, le long desquels il grimpe et s'endort pendant la nuit, grâce aux épines dont ses pattes flexibles sont garnies et qu'il enfonce dans le tissu végétal. Si l'on examine avec attention le doigt médius qui fait suite aux articles, on voit, vers la partie interne, quatre rangs de tubercules arrondis, paires, qui représentent parfaitement les parties charnues des pattes des animaux supérieurs, tissu particulier dont l'élasticité permet à l'animal de pouvoir poser les pattes partout avec assurance. Ces tubercules arrondis sont plus développés au membre inférieur qu'au membre supérieur.

LES AILES. — Les ailes sont au nombre de deux paires : les plus longues, les plus fortes et les moins larges ont leur insertion à la partie supérieure dorsale, immédiatement au-dessous du corselet, qui garantit comme une armure le cou de l'animal et les parties latérales; elles recouvrent les flancs et la deuxième paire, qui se replie en éventail pendant le repos, et se trouve ainsi complètement cachée par les longues ailes.

La deuxième paire est très-élégamment découpée, beaucoup plus large dans ses dimensions latérales. On comprend, en les voyant étendues, que la Sauterelle puisse soutenir un vol aussi puissant que celui que nous lui connaissons. Leur insertion a lieu sur une plus grande étendue; elle occupe toute la partie latérale du flanc de l'insecte, et disparaît, admirablement repliée pendant le repos, sous les grandes ailes.

A l'état de repos, les grandes ailes dépassent de plus d'un centimètre l'abdomen de la Sauterelle; elles peuvent atteindre une longueur de huit centimètres.

La couleur des ailes varie chez le mâle et chez la femelle : sur un fond jaune, les ailes du mâle pré-

sentent des taches grises, tandis que les mêmes taches
sont, chez la femelle, sur un fond plus grisâtre. —
Les larges ailes sont parfaitement transparentes chez
le mâle et la femelle.

ORGANES DE LA DIGESTION. — Aux mandibules puissantes dont nous avons déjà parlé, qui triturent les
aliments avant l'ingestion, succède un orifice très-
nettement dessiné du tube digestif, puis un œsophage
étroit et court et un estomac assez bizarre de conformation, dont nous n'avons trouvé que des descriptions
incomplètes dans les auteurs.

M. Léon Dufour lui-même dit : « que c'est un jabot
» de forme conoïde terminé par une valvule pylorique
» qui le sépare du ventricule chylifique suivi immé-
» diatement de l'intestin. »

Voici ce que la dissection la plus attentive nous a
permis de constater.

Après l'œsophage, on trouve l'estomac ou gésier
sous forme d'ampoule assez longue, conoïde, et, autour de cette ampoule, vers l'origine de l'intestin, on
remarque quatre poches conoïdes situées parallèlement et couvrant à elles quatre la partie inférieure.
Ce sont là autant de vésicules du fiel qui, placées à
l'origine de l'intestin, permettent la digestion des
quantités prodigieuses d'aliments que l'insecte dévore.
Après l'estomac vient l'intestin grêle qui est étroit et
assez court. Enfin vient une large ampoule qui est le
rectum.

Lorsqu'on prend entre les doigts une Sauterelle,
elle cherche à répandre autour d'elle un liquide noirâtre qui n'est autre chose que le liquide fourni

par les poches succenturiées dont nous avons parlé et que l'insecte fait remonter à travers l'estomac et l'œsophage jusqu'à l'orifice mandibulaire. — En somme, le tube digestif mesure la longueur de l'insecte, depuis les mandibules jusqu'à l'anus. — Ni sa taille, ni le développement de ses tissus musculaire ou graisseux ne peuvent expliquer le développement prodigieux de son système digestif. — Il est donc certain, par le fait même du développement de cet appareil formidable et par l'inutilité où il est au développement du corps de l'insecte, que c'est un Orthoptère fort dangereux, puisqu'il peut détruire et détruit sans profit pour lui-même.

Organes de la reproduction. — Les organes de la reproduction sont très-importants à étudier.

Lorsqu'on étend une femelle vivante sur le dos et qu'on lui ouvre l'abdomen, on trouve au niveau du dernier anneau deux ordres d'organes.

En avant, une ouverture garnie de quatre crochets robustes, deux en dessus, deux au dessous qui, sous l'influence de la douleur, s'entrouvrent comme deux longues lèvres et laissent voir au dessus une ouverture vaginale et au dessous, entre les crochets qui défendent l'orifice, un muscle puissant qui, placé au milieu, préside au resserrement. — Si on enlève les ovaires, qui sont parallèlement placés, conoïdes et semblables à deux grains d'orge, de couleur blanchâtre, on aperçoit le rectum, qui, dans l'état de repos de l'insecte, est placé au dessus.

On voit donc que, contrairement à ce qui a lieu chez les oiseaux et chez les animaux d'un ordre supérieur, les organes de la génération sont parfaitement indépendants des organes de la digestion ce qui, au point de vue de la perfection de l'être, — place la Sauterelle dans une échelle animale supérieure.

La Sauterelle, après la fécondation, est aussi armée pour l'enfouissement de ses œufs qui sortent des ovaires en grappe, dont un grain d'orge représente dans le ventre de la femelle vivante l'aspect et la grosseur et dont on verra plus loin les modifications dans la terre alors que la germination s'opère dans les ovules fécondés.

Ces épines multiples sont ce qu'on a appelé la tarière de la Sauterelle — formidable appareil à l'aide duquel elle creuse profondément dans la terre de 10-15 et jusqu'à 20 centimètres pour aller y déposer ses grappes d'œufs fécondés. Ce n'est point, ainsi qu'on l'a écrit, par sa forme que cet appareil ressemble à une tarrière, mais simplement par ses fonctions, ce qui est bien différent.

Nous avons dit que l'abdomen se composait d'anneaux formés d'un tissu rétractile et élastique — dans les vivi-sections que nous avons pratiquées nous l'avons vu réduire la longueur de ces anneaux à celle des trois premiers en rentrant comme des cornets les uns dans les autres. — S'il jouit de cette propriété, à plus forte raison jouit-il de la propriété contraire, c'est-à-dire de l'allongement et on comprend que la femelle au moment de la ponte puisse enfoncer son abdomen tout entier avec ses crochets dans le sol.

La femelle seule présente cette disposition à l'extrémité abdominale.

Les organes mâles sont situés aussi au dessous de

l'intestin rectum et se composent de deux glandes seminales allongées, placées à droite et à gauche et terminées par une partie tuberculeuse arrondie située tout-à-fait à l'extrêmité de l'abdomen — comme chez la femelle l'anus est situé au-dessus et distinct.

SYSTÈME NERVEUX. — Le système nerveux des Sauterelles est relativement plus complet que celui de bien des animaux. — Il se compose d'un système nerveux central disséminé dans la tête, dans le thorax et dans l'abdomen.

On peut sans courir le risque d'être démenti par les dissections considérer que le ganglion cervical est formé de deux parties très-distinctes :

Les ganglions thoraciques sont au nombre de trois et très-distincts — Les ganglions abdominaux sont au nombre de cinq et moins développés que les ganglions thoraciques. On ne doit donc pas être surpris de voir une Sauterelle privée de sa tête ou de son abdomen, sauter, marcher, et vivre assez longtemps après cette ablation.

SYSTÈME RESPIRATOIRE. — Si on ouvre le thorax d'une Sauterelle vivante, on voit les parois internes et latérales parcourues par des trachées très-développées et parallèles, ayant un orifice commun à droite et à gauche situé juste à la terminaison du thorax et à la naissance du premier anneau abdominal — visible à l'œil nu lorsqu'on écarte les grandes ailes et les ailes repliées en éventail.

Cet appareil respiratoire est puissant et tout-à-fait indépendant de l'appareil digestif — Si l'insecte est au

4

repos l'appareil trachéal est dégonflé et l'orifice est recouvert par les aîles — Lorsque la Sauterelle vole, l'air entre par les deux orifices et remplit les trachées qui alors font l'effet de la vessie natatoire de certains poissons, c'est-à-dire qu'elles aident, indépendamment de l'action puissante des aîles, à soutenir le vol pendant plusieurs heures.

Histoire. — Marche. — Mœurs.

Tel est l'Orthoptère Acridien dont nous allons tracer l'histoire, car, il faut bien le dire, jamais animal n'a causé autant de ravages que la Sauterelle et n'a laissé de plus douloureuse trace de son passage.

Nous répéterons ici ce que nous avons dit plus haut, — que ne comprenant pas pourquoi on a tiré le mot Criquet du mot grec (αχρισ) nous ne nous servirons pas de cette dénomination, — pas plus que nous ne mentionnerons qu'à côté de l'*Acridium migratorium* ou Sauterelle émigrante, on a cru pouvoir placer un genre appelé *Acridium mœstum*, Sauterelle triste,

Criquets voyageurs ! Criquets tristes ! inventés par Latreille et Serville, probablement pour exciter l'hilarité de quelque bon public de Conférence.

Anatomiquement, la Sauterelle possède deux systèmes d'organisation qui méritent toute notre attention et que sa forme, sa pesanteur, son utilité dans la création, n'expliquent guère.

1e Un système digestif très-developpé ; un système génital qui indique une fécondité extraordinaire, et par suite des conditions spéciales pour l'invasion.

Aussi les peuples de l'antiquité ont-ils noté et nous

ont-ils transmis les périodes où ce fléau s'est abattu sur eux.— C'était, comme les grands bouleversements du globe, des dates mémorables, coïncidant avec des fléaux complémentaires, la misère, la famine, les maladies pestilentielles, ou les traînant à leur suite.

« Laissez aller mon peuple afin qu'il me rende le » culte qui m'est dû. Que si vous refusez de le laisser » aller, je ferai venir demain des Sauterelles dans vo- » tre pays.

» Elles couvriront la surface de la terre, en sorte » qu'elle ne paraîtra plus : elles mangeront tout ce » qui a été épargné et que la grêle n'a pas gâté ; elles » rongeront de plus tous les arbres qui poussent dans » les champs. Elles rempliront vos maisons, les mai- » sons de tous vos serviteurs et celles de tous les » Egyptiens ; en sorte que ni vos pères ni vos ayeux » n'ont jamais rien vu de pareil depuis le temps qu'ils » sont nés sur la terre jusqu'à ce jour. (Exode, » ch. X). »

Quel est le colon de l'Algérie qui, on 1866, trouve par trop d'exagération dans la menace divine ? Ne sera-t-il pas lui-même exposé, lors de l'éclosion des œufs de la première nuée qui s'est abattue sur le pays tout entier, à une dévastation pareille à celle qui frappa l'Egypte ?

La Bible consigne plusieurs invasions attribuées alors à la colère divine.

La Grèce, au dire de Pline, avait formulé des réglements pour la destruction des Sauterelles.

Par progagation sans doute, en l'an 176 de l'ère chrétienne, l'Italie méridionale est dévastée.

En l'an 181, l'Italie et la Gaule subissent le fléau.

— On lit dans saint Augustin que l'Afrique fut entièrement ravagée par des quantités de Sauterelles telles que leurs corps, rejetés par la mer tout le long du rivage, occasionnèrent une mortalité effroyable. En Numidie, huit cent mille âmes périrent!

Partant des provinces de l'extrême Orient et probablement de la Perse et de l'Arabie, elles s'abattent en Moldavie et en Valachie en 1747 et 1748. — Qui n'a lu l'histoire de Charles XII. qui, étant en Bessarabie, fut assailli par un tel nuage de Sauterelles qu'il crut avoir affaire à de la grêle.

Levaillant raconte qu'en 1789, 1790 et 1791 elles ravageaient toutes les côtes de l'Afrique méridionale, depuis le Maroc jusqu'au cap de Bonne-Espérance.

. L'Espagne, la Grèce, l'Italie, la Turquie, les provinces danubiennes ont subi de loin en loin le contre-coup de ces invasions, et sans parler de la Gaule, nous devons mentionner que le midi de la France actuelle est en proie à la dévastation d'une Sauterelle dangereuse — quelle que soit, du reste, la différence qui puisse exister entre celle-ci et celle d'Afrique.

Les années 1813, 1815, 1822, 1824 furent des années mémorables dans l'histoire des ravages que firent les Sauterelles et des sacrifices que les villes du midi de la France s'imposèrent pour se préserver du fléau et de son retour.

Enfin, en 1845, l'Algérie fut elle-même ravagée par le fléau.

Par ce court aperçu, on voit que tous les peuples sont solidaires pour la destruction et pour les moyens à employer contre l'invasion.

. Si on examine avec soin les travaux qui ont été faits

sur les Sauterelles, on est frappé d'un fait général qui concerne leur marche. — Elles partent généralement des contrées situées sous l'Equateur, puis on les voit suivre une trace ascendante jusque sous les régions tempérées.

Font-elles un pareil trajet en une seule année ? Assurément non. Elles pondent en chemin, et ce n'est qu'après trois ou quatre pontes successives, trois ou quatre générations que nous sommes assaillis dans les contrées qui bordent la mer Méditerranée. Et si on observe en même temps que les vents du Sud ont des courants ascendants dans diverses directions, on comprendra que plusieurs pays puissent devenir à la fois le foyer de nouvelles invasions.

Lorsque nous traiterons de la génération, de l'accouplement et de la larve ou nymphe, nous verrons qu'il y a des modifications imprimées par les lieux et les conditions atmosphériques concomittantes.

A chaque étape, il y a enfouissement d'une quantité prodigieuse d'œufs, puisqu'une seule femelle peut en pondre une moyenne de quatre-vingts! Mort consécutive des individus qui formaient les premières nuées ; moment de repos après la ponte ; puis, au bout de quelques semaines, départ de cette seconde génération pour des contrées plus éloignées du point de départ et de plus en plus rapprochées des régions tempérées.

C'est ce qui explique pourquoi toute la zone comprise entre les hautes régions du Tell et la mer est soumise à des invasions successives et de plus en plus considérables.

Si l'on examine avec attention la conformation du

continent africain et des contrées qui avoisinent le rivage méditerranéen, on trouve des causes de propagation inhérentes au sol lui-même.

Les sables du désert ou des parties qui bordent les grands lacs salés (sebkas, chotts) sont des points de refuge pour la femelle, qui peut y enfoncer les grappes d'œufs qui sont renfermés dans ses ovaires avec la plus grande facilité. Ces grappes, recevant pendant la nuit l'humidité des rosées abondantes, et pendant le jour l'action d'un soleil ardent, se trouvent dans des conditions spéciales, excellentes pour l'éclosion.

Cette éclosion doit être assez rapide, plus rapide même dans ces régions que sous des latitudes plus froides.

Si la Méditerranée ne présentait pas aux Sauterelles un espace trop considérable à parcourir, nul doute qu'elles ne fissent en Europe des ravages considérables, et les invasions que nous avons mentionnées de l'Italie, de la Grèce, de l'Espagne et des provinces danubiennes prouvent qu'on ne saurait trop s'en débarrasser au point de départ.

Il est impossible dans l'état actuel de nos possessions, d'aller attaquer le fléau dans sa source ; nous en sommes donc réduits à le combattre sur place, c'est-à-dire en Algérie et sur tout le littoral, ce qui est possible.

On nous pardonnera de ne point nous égarer dans la description des ravages produits par les Sauterelles. Le tableau navrant que nous avions il y a à peine quinze jours sous les yeux nous dispense de longs détails. Ici, une commune entière, qui avait semé 300 hectares de colza, les voit dévorés en une journée.

Des prairies magnifiques, des champs d'avoine, de blé, d'orge, de pommes de terre, les vignes elles-mêmes disparaissent en vingt-quatre heures; rien n'est respecté. Une fois la tranchée faite dans la moisson par les premières tombées sur le sol la tache d'huile s'étale. La terre labourée se montre à nu dans tous les intervalles que ne colorent point les masses jaunes des insectes.

En 1866, on a remarqué que les blés déjà formés étaient respectés. Les vignes semblent l'avoir été généralement dans le Sahel d'Alger, ou on a vu, par une bizarrerie étrange, à Crescia, chez M. Rivière, quinze hectares de vignes vieilles et jeunes, débarrassées de toutes les mauvaises herbes, absolument comme si des ouvriers intelligents les avaient sarclées ; et, par contre, à Cheragas, 14 à 18 hectares de vignes dévorées entièrement dans la magnifique exploitation de M. Bézard.

On a cru que le soufre jeté sur les vignes avait pour propriété de les éloigner. — Un seul exemple suffira pour démontrer que c'est là une illusion. Dans la plaine de la Mitidja, un champ de navets est soufré sous l'influence de cette idée ; le lendemain, une nuée de Sauterelles qui achevaient une prairie voisine, s'y abat et le dévore tout entier.

Il faut donc établir en règle que toutes les cultures leur sont indifférentes ; elles semblent seulement s'attaquer d'abord aux végétations les plus tendres, et puis progressivement elles se nourrissent d'aliments plus durs, jusqu'aux écorces d'arbres.

Les mœurs des Sauterelles sont bizarres, et il faut les étudier pour pouvoir les attaquer et les détruire.

A partir de la neuvième ou dizième heure du jour, c'est-à-dire alors que le soleil est sur l'horizon, elles volent et quittent le sol; alors elles quittent les cantonnements de la veille, si le ravage qu'elles ont fait ne leur laisse plus de quoi se suffire, ou bien si les vents les poussent plus loin. on les voit s'élever haut dans l'atmosphère, troubler la limpidité du ciel et obscurcir la lumière solaire dans l'espace où se projette leur ombre. Les arbres, les animaux, les voitures sont dissimulés aux yeux des voyageurs qui regardent dans l'espace, et on a eu raison de comparer cette situation à celle des campagnes de l'Europe, alors que pendant l'hiver de larges flocons de neige cachent aux voyageurs les objets situés à quelques mètres devant eux.

Le soir, les Sauterelles se posent partout sur les arbres, sur les buissons, sur les épis de blé, sur le sol, qui prennent l'aspect des ajoncs alors qu'ils sont en fleurs.

Jusqu'au matin elles restent à peu près immobiles et ne commettent aucun ravage. C'est pendant cette période qu'on peut et qu'on doit procéder à leur destruction.

Reproduction. — Œufs. — Larves.

L'étude imparfaite au point de vue histologique que nous avons faite des organes sexuels du mâle et de la femelle, nous suffit pour entrer immédiatement dans celle du produit de la fécondation.

Les Sauterelles qui sont tombées dans la plaine ou dans le Sahel ont commis des ravages pendant cinq jours. Après cette période on les voyait accouplées et ne commettant presque aucun dégât. L'insecte a alors parcouru les diverses phases de son existence ; pour lui commence la période de sa propre destruction dans l'acte de la reproduction.

Nous allons donc nous trouver en face de la génération nouvelle qui germera et se développera sur le sol que ses parents auront envahi et ruiné.

La femelle fécondée est vouée à la mort dès qu'elle aura mis ses œufs à l'abri, dès qu'elle les aura placés dans des conditions favorables à la germination. Elle semble, une fois séparée du mâle, n'avoir plus d'autre occupation, la destruction n'est plus son œuvre.

Elle recherche les sables, les terres légères, les sols bien ameublis par les labours, les vignes, le bord des routes, les fossés. Là elle enfonce son abdomen tout entier à l'aide des quatre crochets qui creusent comme quatre pioches ; elle déplisse les anneaux dont nous avons parlé, et elle atteint des profondeurs incroyables, 10, 15 et jusqu'a 20 centimètres. Derrière elle la terre se tasse, et on a beau chercher, on ne trouve pas la trace de son passage. Après la ponte, la Sauterelle meurt, le mâle épuisé comme la femelle.

Les grappes d'œufs sont oblongues, conoïdes et présentent de 3 à 4 centimètres de longueur sur un centimètre de diamètre.

Les œufs sont déposés à côté les uns des autres et ont la forme d'un grain de blé : on peut compter quatre à cinq séries; ils sont tous d'égale longueur, et si l'on écrase une Sauterelle au moment où elle va les enfouir, on les trouve d'une grosseur égale à celle qu'ils auront quinze jours plus tard ; seulement, leur

transparence est parfaite ; la membrane d'enveloppe
du jaune va en s'épaississant avec le temps sous le sol.
A l'extrémité inférieure du trou que la grappe occupe,
on voit une enveloppe celluleuse et neigeuse, qui semble n'être autre chose que le même produit albumi-
neux, qui sert de lien, de point d'attache à toutes les
séries d'œufs ; on la voit se prolongeant vers le centre
de la masse. Ne serait-ce pas le frai déposé par le
mâle sur les ovaires de la femelle ?

Cette explication nous a été suscitée par l'observa-
tion des Sauterelles dans l'acte de l'accouplement. Le
mâle ne nous ayant jamais paru uni à la femelle de
telle façon qu'on fût obligé de les séparer avec vio-
lence, comme cela arrive chez bien d'autres insectes,
et ayant, au contraire, constaté que, lorsqu'on cher-
chait à les prendre avec la main, ils se séparaient sans
aucune difficulté, il nous a été possible de songer que
la fécondation offrait des conditions spéciales qui ne se
rencontrent pas chez les autres insectes. Cette substance albumineuse aura, nous le verrons plus loin, une
raison d'être importante au point de vue du développement de la larve.

L'œuf de la Sauterelle est rempli d'une substance
jaune, sans interposition de matière albumineuse, et
c'est dans ce jaune et à ses dépens que se forme la
larve, absolument comme le poulet dans l'œuf.

En examinant des grappes d'œufs enfouis dans le
sol quinze jours après la ponte, nous avons observé
dans plusieurs groupes, à l'extrémité inférieure, une
petite larve sortie de l'œuf, un petit ver blanc qui, vu
à travers une loupe de 50 diamètres, présentait trois
petits appendices de chaque côté, une ouverture à

l'extrémité supérieure et une autre vers l'extrémité postérieure. Cette larve n'offrait pas plus d'un millimètre de longueur; elle semblait se développer dans la partie neigeuse dont nous avons parlé.

Il est certain qu'à partir de l'époque où la larve sort de l'œuf, elle reste un temps assez considérable enfouie dans ce milieu, et se nourrissant des sucs qui l'environnent jusqu'à ce qu'elle puisse, à l'aide d'éléments anatomiques plus parfaits, passer de ce milieu jusqu'à la partie supérieure du terrain qui la recouvre.

Les parties qui alors la constituent sont conformées de manière à lui permettre des mouvements de reptation et de locomotion. Elles sont, en outre, assez fortes pour résister aux changements de température, qui entraîneraient la mort de la larve si une circulation active n'entretenait chez elle une chaleur propre suffisante.

Les Arabes et les observateurs qui ont étudié le développement des larves, ont constaté qu'entre la ponte et l'instant de l'apparition de l'insecte au niveau du sol, il s'écoulait une période qui varie entre un mois et six semaines. Quinze jours ou dix-huit pour la vie intra-ovarique, et quinze à vingt pour le développement de la larve dans le sous-sol — c'est là le premier âge de l'insecte, qui passera successivement par d'autres phases à mesure que ses parties constitutives subiront le double effet de la nutrition et de la locomotion.

Uns fois sortie de terre, la larve tombe sous l'œil de tous les observateurs ; il est aisé de suivre jour par jour sa marche et son développement jusqu'à la période de complète métamorphose, c'est-à-dire jusqu'au moment où les organes qui permettent son émigration seront bien conformés.

Le cultivateur a donc sous la main ses ennemis, pendant une période suffisante pour en opérer la destruction complète, et nous ne saurions trop insister sur la nécessité de procéder à l'éducation des populations rurales avant que la transformation soit parvenue à l'état de perfection.

La couleur change dès que la larve apparaît au niveau du sol — elle devient fortement brune et les organes digestifs prennent de la prépondérance — c'est en effet à eux que l'insecte devra pendant les trente à quarante jours qui suivront, le pouvoir nutritif suffisant à l'apparition des pièces qui constituent sa charpente extérieure dure, ses membres élastiques, puis enfin ses ailes.

Un mois d'incubation — et un mois de changements progressifs jusqu'au moment où, pouvant compter sur ses organes de locomotion, il pourra quitter les terrains où il a été élevé.

Pendant un mois ou quarante jours donc, l'insecte se nourrit attaché au sol et reste accessible à tous les moyens de destruction que le cultivateur peut employer.

Dépourvue, à l'état de métamorphose, d'instruments qui lui permettent de se cacher dans la terre, la Sauterelle peut être facilement poursuivie pendant ces trente jours, d'autant plus qu'elle s'avance dans les champs par bandes et par groupes dont la couleur tranche sur celle du sol, et qu'on peut encore plus facilement que pour les Sauterelles ailées, ramasser avec des balais ou d'autres instruments que possèdent tous les agriculteurs.

Moyens de destruction.

En face de ses récoltes dévorées dans l'espace de deux ou trois jours par les sauterelles, quelle devait être la pensée de l'agriculteur ?

De les chasser à coup sûr et d'en détruire le plus possible.

Nous avons assisté en 1864 et 1866 à des scènes d'autant plus navrantes qu'elles empruntaient quelque chose aux bacchanales des peuples les moins civilisés. A voir mettre à contribution tout ce que les batteries de cuisine avaient d'instruments résonnants ; à voir les femmes, les enfants, les vieillards, tout ce qui pouvait se mouvoir, s'agiter, crier, prendre une part active à l'expulsion des Sauterelles, on se serait cru à Nouka-Hiva au milieu de ces scènes étranges que Jacques Arago nous a si tristement dépeintes.

Quelle bizarre lutte et quel triste spectacle ! La légion ailée et vorace lassait toute la population des campagnes et n'en dévorait pas moins tout ce qui se trouvait devant elle.

Des expériences qui ont été faites, il semble résulter qu'elles ne sont que médiocrement sensibles aux bruits discordants qu'on fait autour d'elles, et que les mouvements, les contorsions ou le balancement de drapeaux ou d'objets flottants semblerait avoir la plus grande part dans l'efficacité des moyens employés pendant le jour.

On ne peut en effet supposer aux Sauterelles le sens de la vue et de l'ouïe d'une grande perfection et d'une sensibilité telle qu'on puisse profiter de cette sensibilité pour les expulser du terrain qu'elles envahissent.

Nous ne sommes donc point disposé à encourager cette méthode fatigante pour les cultivateurs, et qui, si elle aboutit à un résultat favorable, ne l'atteint qu'imparfaitement et souvent aux dépends de la propriété voisine.

Les perches armées de banderolles longues et flottantes; — les instruments qui, tournant au gré du vent, font mouvoir des clapets bruyants, toutes choses faciles à installer, peuvent être employés depuis dix heures du matin jusqu'à la chute du jour.

Mais c'est la nuit et surtout à partir de trois heures du matin jusqu'à huit heures que la chasse aux Sauterelles sera fructueuse et pourra se faire de manière à atteindre la nuée tout entière.

Les cultivateurs devront faire sac de toutes toiles et se préparer à ramasser les Sauterelles sur les buissons, dans les blés, sur les arbres, partout.

Nous avons passé tout une nuit dans le Sahel (la nuit du 29 au 30 avril) et nous avons pu démontrer à quelques cultivateurs que c'était pendant les cinq heures qui précèdent l'action du soleil sur les Sauterelles, complètement engourdies par la rosée, qu'il fallait agir.

On peut pendant ces cinq heures débarrasser les champs de la majeure partie des insectes, car la besogne est facile pour tous ceux qui s'en occupent. Elle consiste à les tasser dans un sac en attendant qu'on puisse les mettre en fosse.

Si on veut bien se reporter à ce qui s'est passé à Douéra où, en deux journées, sur la promesse de dix centimes d'abord, puis de cinq centimes qui avait été faite pour chaque kilogramme de Sauterelles qui serait rapporté à la mairie, une somme de plus de trois mille francs resta insuffisante, et on en vit (chose horrible !) des femmes de la campagne qui, ne trouvant pas la rémunération suffisante, rendaient la liberté et la volée à des sacs remplis de Sauterelles ; — si, disons-nous, on veut bien considérer ce que les populations savent faire lorsqu'on leur montre un but lucratif à atteindre, combien ne serait-on pas coupable de ne point compléter une éducation que les événements commencent et que les municipalités où se trouvent des hommes instruits doivent achever et par l'exemple et par les sacrifices ?

Le jour où un agriculteur saura la véritable valeur de la Sauterelle et le profit qu'il peut en tirer, on n'aura pas besoin de primes pour l'encourager à procéder à leur destruction. — Nous allons essayer de prouver que les Sauterelles ont une assez grande valeur pour qu'on se livre à leur cueillette avec ardeur.

Des expériences que nous avons faites il résulte que le poids des Sauterelles varie de trois à quatre grammes par individu, — il n'en faut que 400 pour un kilogramme. — On voit par là que la cueillette peut produire par homme occupé pendant cinq à six heures plusieurs centaines de kilogrammes.

Un kilogramme de Sauterelles desséchées nous ont donné : 69 parties d'eau et 31 parties de matières solides animales c'est-à-dire l'engrais le plus puissant qui existe. — Il s'agit donc de faire passer l'ennemi que le ciel envoie à l'état d'engrais.

Le cultivateur qui est préoccupé de l'intérêt de ses

récoltes ne marchandera ni son temps, ni même quelques sacrifices ; et, loin de briser toutes ses casseroles et tous ses arrosoirs à faire un charivari infernal, il se préoccupera de la récolte qu'il peut faire pendant la nuit — Il creusera la fosse de son ennemi dès l'apparition du nuage, et le deuxième jour il aura fait une large provision d'engrais, s'il a du sang-froid et quelques aides à sa disposition.

Le premier moyen que nous avons conseillé en 1864 consistait à creuser une fosse, à la garnir au fond d'un lit de chaux éteinte, puis d'étager plusieurs couches de Sauterelles et de chaux, puis enfin de recouvrir le tout d'une épaisse couche de terre.

Quelques cultivateurs ont retenu l'avis et dès le début ont à la fois préservé leurs récoltes et mis en réserve une immense quantité d'engrais. A Guyotville un cultivateur a creusé une fosse de 2 mètres sur 40 mètres de longueur, et non content des Sauterelles qu'il a pu ramasser dans ses champs, il allait récoltant celles des autres et les portait dans sa fosse. — Au début il été considéré comme fou. — Un jour il vint me demander si celles que la mer rejetait étaient propres à faire de l'engrais.

— Meilleures, lui répondis-je, que celles que vous prenez vivantes, car elles vous rapportent du sel dont la présence se fera vivement sentir dans vos terres.

— La terre vieillit, me répondit-il, et l'engrais est le sang qui la rajeunit.

Il partit et creusa une fosse plus profonde, plus large et plus longue, où il enfouit des centaines de chars de Sauterelles que la mer rejetait. Cet homme bien modeste, colon à petite concession, à main calleuses, dont je ne connais pas le nom, mais dont l'intelligente physionomie m'a frappé, a compris le problème qui est à l'heure actuelle pendant devant l'opinion publique : l'emploi des Sauterelles en agriculture.

Depuis que nous avons publié cet article dans le *Courrier de l'Algérie*, des objections ont été faites, non pas au point de vue agricole, mais au point de vue de la Salubrité publique ; — elles étaient graves ; nous avons dû les peser et chercher à faire concorder le but que nous désirions atteindre avec les exigences d'un pays que les exhalaisons malsaines d'amas de Sauterelles enfouies pourraient pestiférer.

Et d'abord, a-t-on, partout où l'enfouissement a eu lieu, procédé avec la pensée de retrouver, au bout de deux ou trois ans, une collection d'engrais ? Non, l'enfouissement semblait ordonné par l'intention de se débarrasser d'une substance très-fermentescible et par suite très-dangereuse.

Si l'on avait songé à la question d'engrais, on se serait pourvu de l'élément désinfectant et actif pour déterminer la rapide transformation des éléments décomposables, graisses, etc., etc. : de la chaux ! Or, dans la plupart des endroits, on a procédé à l'enfouissement; on s'est contenté d'y jeter de la terre et de piétiner dessus. Que des exhalaisons malsaines surviennent après cela, il n'y a rien de surprenant !

Nous avons fait une expérience qui nous a convaincu qu'on pouvait arriver à un résultat très-favorable par l'emploi d'un moyen généralement facile dans les campagnes.

C'est la dessication, à une température de 55 à 60 ou 70 degrés, des Sauterelles renfermées dans des

sacs ou dans des paniers. — Un four Roland, à sole
tournante, chauffé par-dessous, et dans lequel, vers la
partie supérieure, on ménagerait de quoi laisser passer l'eau d'évaporation, suffirait à la dessication de
quinze à vingt tonnes de Sauterelles en vingt-quatre
heures, et par conséquent à leur conservation indéfinie.

Si l'on fait perdre aux Sauterelles renfermées dans
un sac, de même qu'à toute matière animale fermen-
tescible, une certaine quantité de l'eau de composition,
cette matière ou ces Sauterelles perdent toute odeur;
la corruption, qui n'est que le résultat de la fermentation, s'arrête, et on peut réduire en poudre cette
matière animale, qu'on fait ensuite dessécher tout à
son aise au grand soleil d'Afrique, et qu'on peut con-
server indéfiniment pour la répandre à l'aise dans les
champs, aux pieds des vignes, etc., etc.

Nous avons établi le prix d'activité d'un four Roland
portatif et pouvant se transporter dans les campagnes.

La différence est telle entre les dépenses et la valeur du produit, que nous ne saurions trop insister sur
l'importance de l'emploi de ce moyen, qui a pour résultat : 1° la conservation parfaite de l'engrais ; 2° la
désinfection préalable et rapide des quantités immenses
de Sauterelles qui, par leur accumulation naturelle ou
artificielle, peuvent inquiéter la Salubrité publique.

Ces deux moyens s'appliquent à la Sauterelle complète, à l'ennemi puissamment organisé pour la destruction que les régions équatoriales nous envoient et
que le vent du sud charrie. En les employant dès le
début de l'invasion, on se débarrasse d'un adversaire
immédiatement dangereux pour les récoltes, et on
éteint le fléau à venir, le produit de la ponte.

La larve est, en effet, un être fort dangereux et qui mérite d'être pourchassé avec la plus grande constance.

On peut s'en emparer et de jour et surtout de nuit, et en faire des tas compacts qu'on enfouit et qu'on noie dans de l'eau de chaux, en pressant la terre dont on les recouvre en couches alternées et épaisses.

— Ramener les œufs à la surface du sol, autant pour détruire l'action fécondante de la chaleur humide que pour dissocier les grappes.

Ce moyen de destruction est excellent, mais il est très-coûteux ; et comme on n'a, la plupart du temps, d'autre indice extérieur de la présence des grappes dans la terre, que des Sauterelles femelles étendues mortes et desséchées sur divers points du sol, — on pourrait courir le risque de se livrer à un travail excessif qui coûterait trop cher et n'aboutirait pas à une destruction complète.

Nous croyons donc que les moyens employés : 1° contre la Sauterelle à son arrivée dans nos champs ; 2° contre les larves sorties du sein de la terre, sont les moins coûteux et les plus efficaces.

Nous avons démontré que la chasse faite immédiatement après l'arrivée des nuées de Sauterelles était la plus fructueuse, parce qu'elle fournissait un engrais, — parce qu'elle évitait les soucis de la ponte et la peine consécutive de la chasse aux larves.

Nous n'avons plus qu'à nous occuper d'une manière succincte de l'importance que les Sauterelles offrent aux agriculteurs.

Les Arabes, qui sont de leur naturel assez imprévoyants, sont aussi très-vigoureusement frappés par le

désastre. — Ils n'ont pas, comme les Européens, la
variété des cultures pour se dédommager, il ne leur
reste que les troupeaux. — Ils sont en outre, placés
aux confins de l'Algérie et pour ainsi dire en sentinel-
les avancées, dont le devoir serait de procéder à la
destruction méthodique des premières pontes. —
C'est là l'objet d'une éducation particulière, qui peut
être d'autant plus rapidement effectuée, que l'Arabe
ne sait trop que faire de son temps et qu'il est le premier intéressé à obéir aux ordres qui lui seraient don-
nés à ce sujet.

Les corvées qu'on leur imposerait dans une pareille
occurrence seraient dans leur intérêt bien entendu, —
et il ne resterait à leur faire comprendre qu'une
chose, par des expériences patiemment faites dans les
tribus : — l'usage des masses qui seraient enfouies,
c'est-à-dire de l'engrais.

Importance des Sauterelles en Agriculture—Salubrité

Le grand reproche que l'on peut adresser à l'agriculture indigène et même à l'agriculture européenne,
c'est d'avoir successivement épuisé le sol sans jamais
rien lui rendre des éléments qui servent à la nutrition
des plantes.

Les animaux sont en nombre insuffisant ; les engrais sont de plus en plus rares, et les fourrages arti-
ficiels, dont on ne comprend pas assez l'importance,
sont cultivés dans un très-petit nombre de fermes en
Algérie. — Par suite, le lait, le beurre, les matières

caséeuses de provenance algérienne, sont à des prix
fabuleux sur tous les marchés et de qualité très-infé-
rieure.

Les villes payent pour le nettoyage des égoûts et,
les particuliers sont eux-mêmes obligés à de grands
sacrifices pour se débarrasser du fumier des che-
vaux.

« Lorsqu'on ne restitue pas au sol les principes mi-
» néraux qui lui sont enlevés chaque année, sa ferti-
» lité va sans cesse en diminuant (Liebig. *Lettres sur*
» *la Chimie.*) »

Un fait considérable nous a frappé dans l'étude que
nous avons faite des campagnes ravagées par les Sauterelles, et il nous en est resté une pensée consolante
à côté des regrets que les malheurs occasionnés par
leur présence nous ont inspirés.

Les Sauterelles ont rendu en excréments aux terres
dévorées la totalite des matières herbacées qui ont été
détruites. — En outre, elles abandonnent par la mort
une quantité considérable de sels minéraux représen-
tés par leur propre corps.

Il y a des millions de tonnes de carapaces de Sauterelles répandues et desséchées dans les champs ; — et
n'allez pas croire que leur présence soit à dédaigner et
n'ait aucune influence sur les récoltes futures. — Il
suffit de citer le passage suivant, emprunté à l'illustre
professeur de Giessen pour demeurer convaincu que
l'Algérie n'a pas à se lamenter outre mesure.

« Au moyen de l'urine et des excréments solides
» des animaux, ainsi qu'au moyen du guano, nous

» fournissons de l'ammoniaque et, par conséquent, de
» l'azote aux végétaux que nous cultivons ; mais les
» substances que nous venons de nommer renferment,
» indépendamment de cet azote, tous les principes
» minéraux des plantes dont les animaux se sont nour-
» ris. Quant aux proportions d'azote et de principes
» minéraux que contiennent ces engrais, elles sont
» exactement les mêmes que dans les plantes qui ont
» servi d'aliment aux animaux qui ont produit ces ex-
» créments; ou bien, ce qui revient au même, l'azote
» et les principes minéraux existent en proportions
» telles, qu'ils peuvent servir à la nutrition d'une
» nouvelle génération de plantes. » (Liebig. — *Let-*
» *tres sur la Chimie.) »*

Il suffit de méditer ces paroles pour apprécier toute
l'importance que les Sauterelles acquièrent en agriculture.

Elles rendent en excréments la totalité des matières
ingérées, mais, en outre, elles laissent sur tout le sol
envahi, la quantité prodigieuse de sels minéraux que
renferment leur charpente.

Il n'y a donc qu'à étudier les meilleures méthodes
de destruction et de conservation des masses mises en
réserve comme engrais.

Nous n'avons pas la prétention d'avoir indiqué les
meilleures. Chaque jour apporte une amélioration, et
il se trouvera, nous n'en doutons pas, des observateurs qui viendront simplifier le problème dont les
données générales sont acquises.

La question de Salubrité mérite une grande attention.

Nous ne sommes pas simplement sollicité à en parler par profession, mais encore pour répondre à des inquiétudes qui ont été déjà manifestées.

Au dire de saint Augustin, *huit cent mille ames* périrent dans la Numidie, par suite des miasmes développés par les masses de Sauterelles que les vagues rejetaient au rivage. — Nous avons parcouru quelques points du littoral, et nous avons pu constater qu'une quantité prodigieuse de Sauterelles tombées dans la mer étaient accumulées dans des criques, sur des plages où elles entrent en décomposition putride, qui peut avoir une influence très-délétère sur l'atmosphère.

Nous insérons ici un fait qui s'ost produit à Alger et qui emprunte un caractère important pour le témoignage des personnes qui ont failli en être victimes.

« Le capitaine L*** se baignait dans la journée du
» 5 mai dans la mer, près de la Pointe-Pescade. En
» revenant sur la plage pour se reposer, il fut saisi
» par une odeur putride qui se dégageait d'une masse
» de Sauterelles en fermentation. Un évanouissement
» subit en fut la conséquence, et il retomba dans la
» mer, où il eut infailliblement péri si deux person-
» nes, qui étaient à une petite distance, ne lui eussent
» porté secours. L'une d'entre elles fut prise des mê-
» mes accidents, et ils furent tous obligés de s'éloigner
» rapidement afin de ne point succomber à une as-
» phyxie imminente.

» Pendant trois jours ils furent poursuivis par cette
» odeur infecte. »

C'est là un cas bien net d'empoisonnement par des
miasmes putrides, comme ceux qui se dégagent des
amphithéâtres d'anatomie ou des charniers de Montfaucon.

Supposez, dans l'intérieur des terres des amas de
Sauterelles en voie de décomposition à l'air libre et on
aura autant de foyers d'infection putride, pouvant com-
muniquer aux troupeaux et même à l'homme, cette
disposition ataxo-adynamique qui précède et accom-
pagne les grandes épidémies de Typhus, de Choléra ou
de Peste.

C'est une sorte d'empoisonnement qui a lieu par
l'atmosphère et qui nous explique la mortalité excep-
tionnelle dont les auteurs anciens font mention.

Il ne faut donc pas rester indifférents à la marche
des Sauterelles et au développement des Larves. L'intérêt de la conservation individuelle et des masses,
exige que les mesures les plus minutieuses soient pri-
ses pour l'enfouissement le plus rapide des masses que
la mer charrie où que reçoivent les eaux de l'intérieur.

Un vétérinaire de Blidah, M. Harren, a observé en
outre depuis l'arrivée des Sauterelles, l'apparition
d'une espèce de mouche qui s'attaquerait aussi bien
aux hommes qu'aux animaux, et dont la piqûre serait
de nature à faire naître des pustules charbonneuses.
Il a observé de ces piqûres qu'il considère comme
très-graves.

Tout milite donc en faveur des moyens rapides de
destruction, et si nous avons pris un intérêt aussi vif
à cette question, c'est uniquement dans le but de gé-

néraliser les connaissances nécessaires aux populations pour se garder du fléau.

Un dernier mot sur l'usage culinaire que les peuples anciens ou orientaux ont fait des Sauterelles.

La Sauterelle peut servir d'aliment. Nous lisons à ce sujet plusieurs passages dans les livres anciens. — Saint Jean, dans le désert, se nourrissait de Sauterelles. Les Arabes du Sud, les Touaregs, les Nègres du Cap et du Sénégal en font des gateaux assez estimés ; les Kabyles, après avoir séparé les pattes, la tête et les ailes, les font griller et prétendent que le goût en est excellent. Les chiens, les poules, les canards, les moineaux ne les dédaignent pas. Il n'est pas jusqu'à certains gastronomes d'Alger qui n'aient cherché un rapprochement entre le goût des Sauterelles grillées et celui des crevettes ! Tous les goûts sont dans la nature. Nous ne trouvons donc aucun obstacle à ce qu'on mette des Sauterelles à la mode comme entremet.

Il faudrait pourtant se garder de tomber dans les extravagances de goût qui dirigent les populations sauvages du Sud. La nécessité peut leur faire une loi de l'ingestion de certains aliments qui répugnent aux peuples civilisés.

Nous préférons entendre dire dans l'avenir que les mesures hygiéniques les plus sévères auront été mises en œuvre pour nous débarrasser d'un fléau qui porte sur les contrées du Nord de l'Afrique la dévastation et le plus profond découragement.

TABLE DES MATIÈRES

PLANCHES I - II - III - IV

INDICATION DES PLANCHES

PLANCHE Iʳᵉ.

Figure I. — Sauterelle volant (grandeur naturelle).
— II. — Tête (grandeur naturelle).
— III. — Tête dépourvue de la lèvre supérieure pour
montrer les mandibules.
— IV. — Mandibule (trois fois grandeur naturelle).
— V. — id. id.
— VI. — Tubercule pré-sternal.

PLANCHE II.

Figure I. — Sauterelle sur le sol.
— II. — Sauterelle vue par sa face abdominale.
— III. — Coupe abdominale ; — position des ovaires.
— IV. — Tarrière avec les ovaires, vue de face.
— V. — Id. vue de profil.

PLANCHE III.

Sauterelle femelle au moment de la ponte. — (Figure dessinée
d'après nature.)

PLANCHE IV.

Figure I. — Motte de terre dans laquelle on voit plusieurs
grappes d'œufs déposés sous le sol.
— II. — Trois petites Sauterelles vues quelques jours
après leur apparition à l'air extérieur.

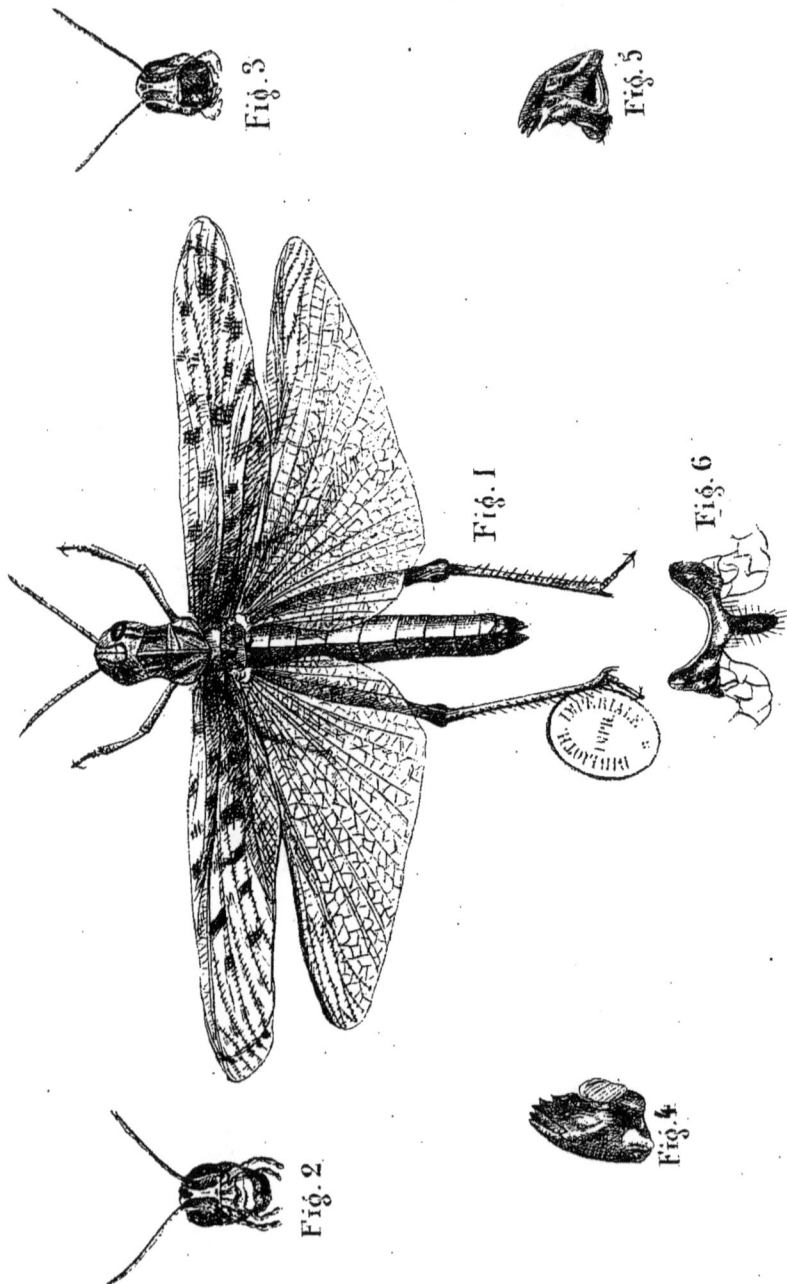

Planche I.

Fig. 1

Fig. 2

Fig. 3

Fig. 4

Fig. 5

Fig. 6

Planche II

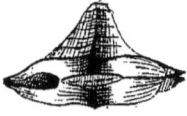

Fig. 4

Fig. 3

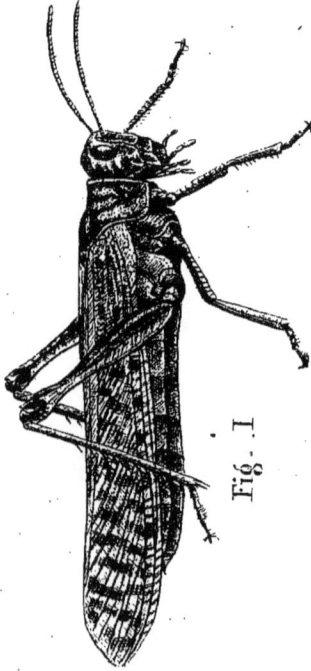

Fig. 1

Fig. 5

Fig. 2

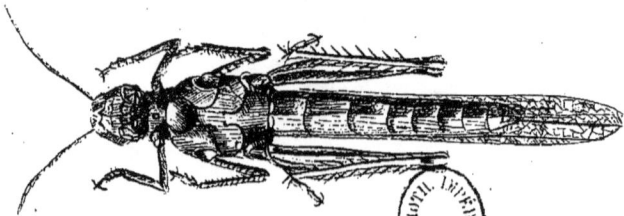

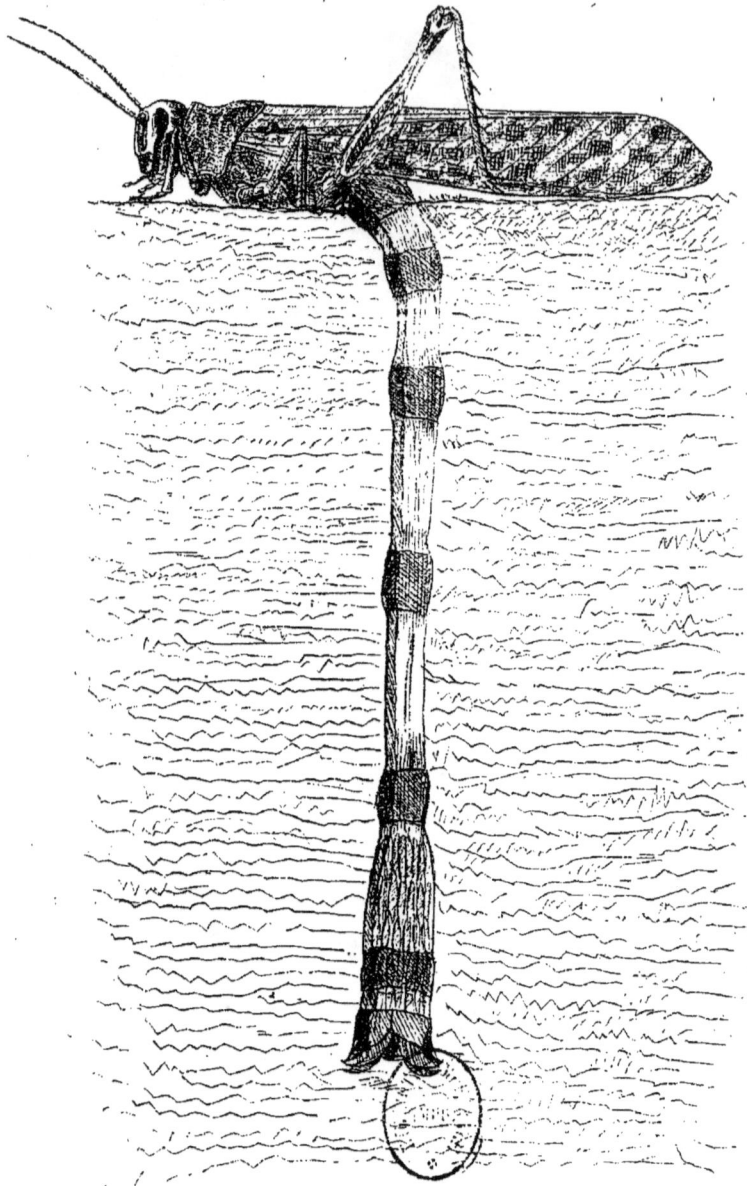

Fig. 1

Fig. 2

www.ingramcontent.com/pod-product-compliance
Lightning Source LLC
Chambersburg PA
CBHW070949280326
41934CB00009B/2046